RB-X-63
14 bis
Miss Mary
NR-7952
NR-7952

Texte original : Eduardo Trujillo
Illustrations : F. Valiente / Equipo Susaeta

5, rue d'Alembert
91240 Saint-Michel-sur-Orge
Dépôt légal : 4e trimestre 2012
Loi n°49-956 du 16 juillet 1949
sur les publications destinées à la jeunesse.
Imprimé en Espagne.

OBSERVE LES AVIONS

Piccolia

LES ORIGINES DE L'AVIATION

Dès le début de son histoire, l'homme a été fasciné par la capacité des oiseaux à voler. Avec beaucoup d'efforts et après plusieurs tentatives infructueuses, quelques intrépides ont réussi à concrétiser ce rêve.

Le professeur **Jean-François Pilâtre** fut l'un des grands pionniers de l'aviation. Il est mort en 1785 en essayant de traverser le canal de la Manche, devenant ainsi la toute première victime d'un accident d'avion. **On dit que les chats retombent toujours sur leurs pattes. Trouves-en un !**

Vois-tu un avion jouet ?

L'Italien **Léonard de Vinci** était un inventeur ingénieux. Il a conçu une machine volante spectaculaire au XVᵉ siècle. Il a également conçu un hélicoptère. On ne sait pas si ces prototypes ont été fabriqués et testés, mais les plans de ses inventions sont encore visibles. **18 personnes portent des chapeaux. Les vois-tu ?**

Au XIXᵉ siècle, les **prototypes de planeurs** capables de décoller et d'être dirigés se sont multipliés. Ils parvenaient à voler sur quelques mètres avant de chuter au sol.

L'envie de voler se retrouve dans la **mythologie**. Dédale fabriqua des ailes avec des plumes et de la cire. Son fils, Icare, et lui s'envolèrent grâce à elles, mais Icare s'approcha trop près du Soleil. Cela fit fondre la cire, et il s'écrasa en pleine mer. **Vois-tu 5 ombrelles ?**

En 1890, le Français **Clément Ader** a construit un avion équipé d'un moteur à vapeur qu'il appela Éole. Bien qu'il n'ait parcouru que 50 mètres, son vol fut un succès et est considéré comme le premier vol autopropulsé de l'Histoire. **Il y a 3 canards qui volent sur l'image. Trouve-les !**

Le début du XXe siècle a été témoin de grandes avancées. Le Brésilien **Santos Dumont** est parvenu à voler à 3 mètres de hauteur sur une distance de 60 mètres avec un avion qu'il avait fabriqué lui-même. **Il y a 1 chien couché. Le vois-tu ?**

LES DIRIGEABLES

Un dirigeable est un aéronef équipé d'un gros réservoir, dans lequel est stocké un gaz plus léger que l'air. Contrairement aux montgolfières, il est autopropulsé et peut être dirigé comme un avion.

Il y a 1 objet qui n'appartient pas à cette époque. Le vois-tu ?

Au début du XXe siècle, les dirigeables présentaient de grands avantages par rapport aux aéroplanes. Ils pouvaient transporter des **charges plus lourdes**, faire de **plus longs voyages** et **atterrir sur pratiquement tous les terrains. Peux-tu voir 4 policiers ?**

Les plus grands dirigeables furent construits en Allemagne par le **comte von Zeppelin**. Durant la Première Guerre mondiale, ils furent utilisés pour bombarder l'Angleterre. **Quelqu'un ne retrouve pas sa moto. Peux-tu l'aider ?**

Ce moyen de transport avait ses **points faibles**. Il résistait difficilement aux conditions météorologiques défavorables telles que le vent et la neige. De plus, contrairement à ce que sa grande taille pouvait laisser supposer, il ne pouvait transporter qu'un poids limité. **À toi de trouver l'avion du Baron rouge.**

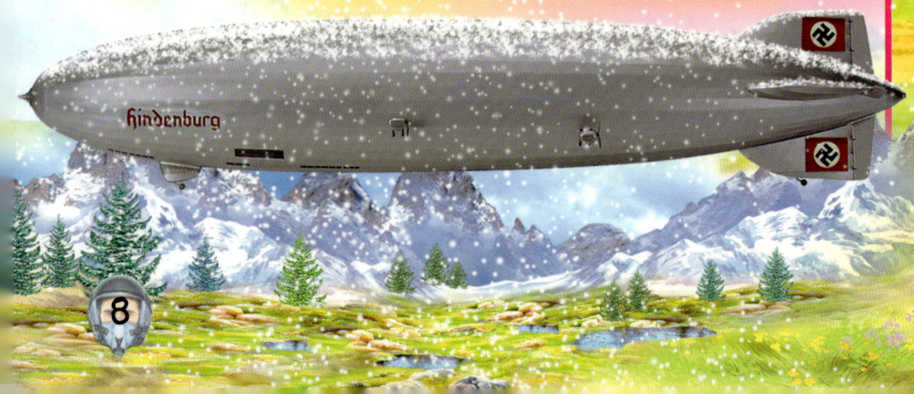

Le **Hindenburg** fut le plus grand dirigeable de son temps. Il pouvait atteindre une vitesse de 135 km/h et survoler l'océan Atlantique pour relier l'Allemagne aux États-Unis et au Brésil. **Vois-tu 9 avions de tourisme ?**

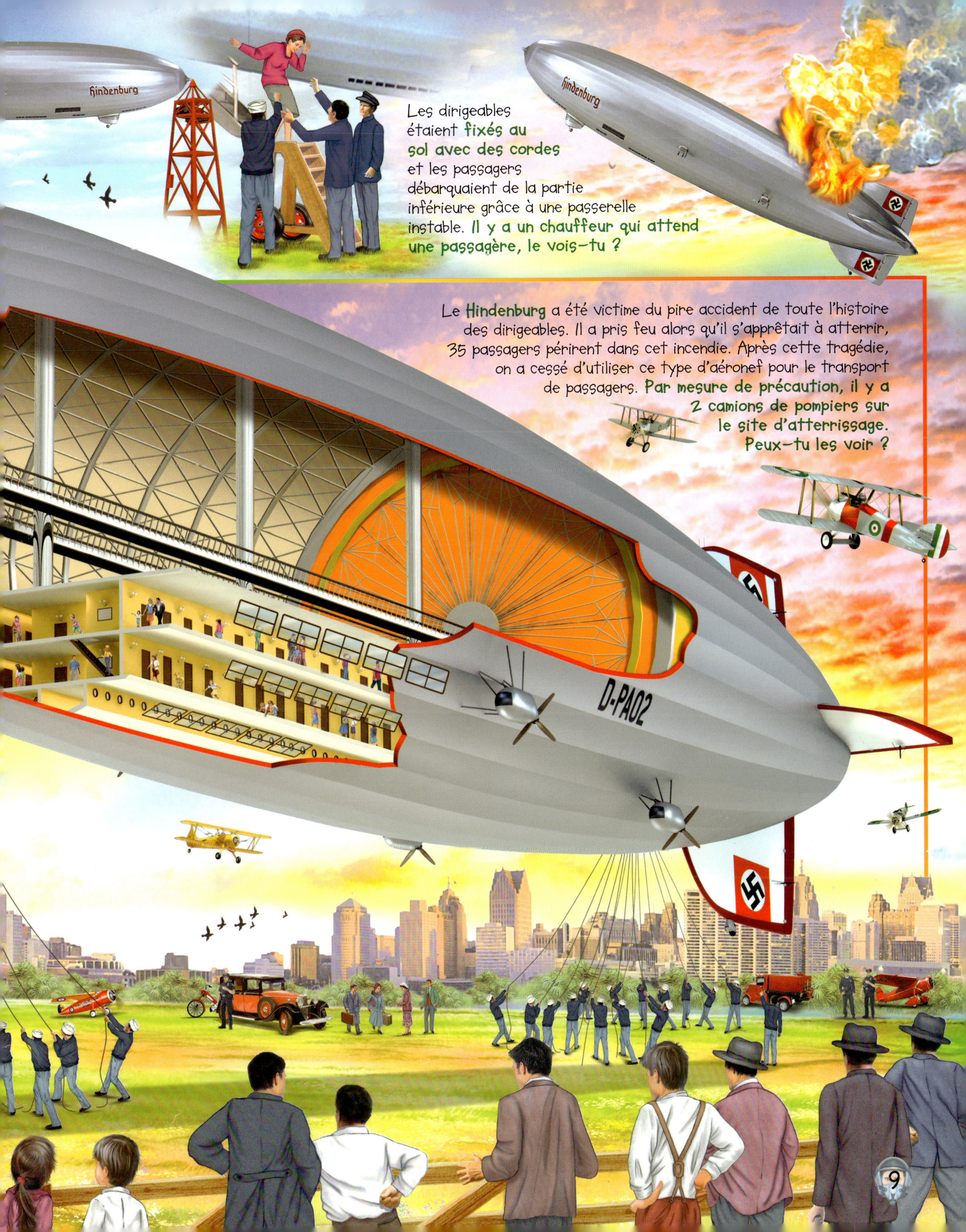

Les dirigeables étaient **fixés au sol avec des cordes** et les passagers débarquaient de la partie inférieure grâce à une passerelle instable. **Il y a un chauffeur qui attend une passagère, le vois-tu ?**

Le **Hindenburg** a été victime du pire accident de toute l'histoire des dirigeables. Il a pris feu alors qu'il s'apprêtait à atterrir, 35 passagers périrent dans cet incendie. Après cette tragédie, on a cessé d'utiliser ce type d'aéronef pour le transport de passagers. **Par mesure de précaution, il y a 2 camions de pompiers sur le site d'atterrissage. Peux-tu les voir ?**

LES BIPLANS

Ces avions sont caractérisés par deux paires d'ailes reliées entre elles pour renforcer la stabilité de l'appareil. Ils étaient très populaires lors des débuts de l'aviation. Ils étaient très maniables, mais aussi très légers. Aujourd'hui, ils sont utilisés pour l'aviation sportive et de loisir ou pour effectuer des pulvérisations agricoles.

Dans le but d'améliorer leur stabilité, on a augmenté le nombre d'ailes de ces appareils. Certains pouvaient compter trois paires d'ailes, les **triplans**, d'autres quatre ou plus. **Ces mécaniciens ont perdu 3 outils. Trouve-les !**

3 animaux fuient tout ce vacarme. Les vois-tu ?

En 1903, les **frères Wright**, après de nombreux essais, ont réussi à fabriquer un biplan en bois pouvant se propulser par ses propres moyens, le Wright Flyer. **4 pilotes ont fait tomber leurs lunettes. À toi de les trouver !**

Les biplans ont connu leur heure de gloire au début du XXe siècle. Lors de la **Première Guerre mondiale**, ils ont joué un rôle très important. Peu à peu, avec l'élaboration de nouveaux matériaux de construction, les monoplans se sont imposés. **Trouve 3 biplans jaunes !**

Dès le début, ces avions ont été utilisés pour faire des dangereuses **cascades aériennes** afin d'impressionner le public.

Il y a 6 voltigeurs, compte-les !

AVIONS ET LÉGENDES

L'histoire de l'aviation a généré de nombreux accidents mais aussi beaucoup d'exploits. Parfois, l'avion est devenu une référence pour les pilotes et des hommes sont devenus des légendes.

Il y a 7 paires d'ailes rouges. Les vois-tu ?

En 1926, l'**hydravion espagnol Plus Ultra** piloté par Ramón Franco et Julio Ruiz de Alda a traversé l'Atlantique pour se rendre d'Espagne en Argentine. Il a parcouru plus de 10 000 km en plusieurs étapes, ce qui fut un énorme succès à l'époque. **Il y a 2 avions qui ne sont pas de cette époque.**

L'Allemand **Manfred von Richthofen**, plus connu sous le nom de **Baron rouge**, était un as de l'aviation durant la Première Guerre mondiale. On estime qu'il a abattu plus de 80 biplans ennemis. **Trouve l'avion sans pilote.**

Le **Sopwith Camel** est devenu une légende. Durant la Première Guerre mondiale, les Britanniques ont remporté plus de victoires avec cet avion qu'avec tout autre modèle.

La guerre a donné une impulsion majeure à la recherche de **nouveaux modèles**, de **nouveaux moteurs** et de **nouveaux matériaux**. À la fin de la guerre, ces avancées ont été utilisées dans l'aviation civile. C'est ainsi que les premiers grands voyages intercontinentaux ont pu être réalisés et sont devenus au fil du temps les lignes régulières des compagnies aériennes.
À toi de trouver 4 parachutistes qui ont sauté de l'avion.

Charles Lindbergh fut le premier pilote à traverser l'océan Atlantique en solitaire et sans escale. En 1927, il a volé de New York à Paris à bord du **Spirit of Saint Louis**, un aéroplane conçu spécialement pour ce voyage. **Seras-tu le premier à voir un avion avec une aile trouée ?**

En 1932, l'Américaine **Amelia Earhart** fut la première femme à traverser l'Atlantique en solitaire. De plus, elle a établi de nombreux autres records dans le monde de l'aviation et est devenue ainsi très célèbre. **Vois-tu un avion portant le numéro 13 ?**

LES BOMBARDIERS

Ce sont des avions militaires conçus pour transporter des munitions et des explosifs, dans le but de les larguer sur des cibles ennemies situées sur terre ou en mer. Certains peuvent lancer de puissants missiles à longue portée.

Parviendras-tu à voir où le bombardier transporte la bombe ?

La mission des bombardiers est de détruire les forces ennemies. Ils attaquent principalement les **cibles stratégiques** telles que les ponts, les usines ou les bases d'approvisionnement.

Avec celui-là, il y a 7 Stukas sur toute la page.

Le **Stuka** était un bombardier qui lançait sa bombe en piqué pour une meilleure précision.

Les **chasseurs** sont le cauchemar des grands bombardiers. Ce sont de petits avions de guerre rapides et légers, et dotés d'un armement. **Attaque la recherche des 14 bombes que les bombardiers ont larguées !**

Le Baron rouge s'est glissé sur la page. Le vois-tu ?

Le **Boeing B-17G Flying Fortress** était un bombardier américain de la Seconde Guerre mondiale. Il pouvait charger jusqu'à 8 000 kg de bombes. **6 parachutistes ont sauté. Retrouve-les !**

LES CHASSEURS

Ces avions de combat font partie de l'arsenal militaire des États. Depuis la Seconde Guerre mondiale, ils constituent un élément clé des batailles aériennes et terrestres.

L'avion le plus cher du monde est le **B-2 Spirit**. On estime que chacun de ces avions coûte 2,2 milliards de dollars. Grâce à sa technologie moderne, il est très difficile de le détecter au radar. **À toi de trouver 3 casques de pilotes.**

Il y a une erreur dans l'armement d'un chasseur. La vois-tu ?

Les avions de chasse modernes comportent des **systèmes intelligents** pour localiser l'ennemi et le suivre à la trace. Ils sont tellement rapides et agiles qu'il est très difficile de les abattre. **Vois-tu 4 soldats portant une arme à feu ?**

On appelle **« missiles air-air »** les projectiles qui sont tirés d'un avion vers un autre dans le but de l'abattre. Ils peuvent être de courte, de moyenne ou de longue portée. Les missiles longue portée utilisent le guidage radar pour atteindre leur objectif. **Il y a un soldat en train de balayer le hangar. Le vois-tu ?**

Les **kamikazes** formaient une unité spéciale au sein de l'armée du Japon. Pendant la Seconde Guerre mondiale, ils effectuaient des **attaques suicides** en s'écrasant sur les objectifs ennemis avec des avions chargés de bombes. Ainsi, ils étaient assurés de toujours toucher leur cible. **Montre-toi prudent pour retrouver 5 fusils.**

Le X-43A est un **drone expérimental**. Développé par la NASA, il a atteint la vitesse de 11 000 km/h.

Seras-tu assez rapide pour voir 4 caisses à munition ?

LES HYDRAVIONS

Ces avions comportent des flotteurs à la place des roues. De cette façon, ils peuvent décoller sur l'eau et y amerrir. Les hydravions sont également dotés d'un fuselage qui se comporte comme la coque d'un bateau quand ils sont dans l'eau.

Un espadon s'est glissé parmi les naufragés. Le vois-tu ?

Quand il reste immobile dans l'eau, l'hydravion peut **jeter l'ancre**, comme un bateau, ou bien être amarré dans un port. **Vois-tu 3 caisses en bois provenant du naufrage ?**

Les hydravions jouent un rôle important dans la **lutte contre les incendies**, car ils peuvent recueillir de l'eau et la déverser sur le feu. **En prenant de la hauteur, tu pourras voir deux conteneurs verts que le bateau a perdus.**

Le **Short S.25 néerlandais** était un hydravion puissant utilisé par les Britanniques pendant la Seconde Guerre mondiale. Entre autres, il avait pour mission de sauver l'équipage des navires torpillés. **Cherche 2 barils !**

Les **hydravions amphibies** ont des roues en plus de leurs flotteurs. C'est un gros avantage car ils peuvent décoller et atterrir aussi bien sur l'eau que sur terre. **Il y a 3 dauphins qui sont venus voir ce qui se passe. Trouve-les !**

Lors de la **Seconde Guerre mondiale**, les grands navires de guerre disposaient de plusieurs hydravions qui effectuaient des missions de reconnaissance et de sauvetage.
Peux-tu trouver 4 bouteilles ?

Pour les opérations de **sauvetage maritime**, les hydravions sont extrêmement utiles pour rejoindre la zone du naufrage, récupérer les blessés et les transporter rapidement à l'hôpital. **3 chats ont été sauvés du naufrage.**
Peux-tu les trouver ?

LA HAUTE TECHNOLOGIE

Vitesse supersonique, avions indétectables au radar, ravitaillement en plein vol... La recherche aéronautique ne s'arrête jamais et les appareils de combat adoptent en permanence les toutes dernières avancées technologiques. Tout cela n'a qu'un seul et unique but : montrer la puissance des États et dissuader les ennemis potentiels.

Que font ces 3 montgolfières ? Cherche-les !

Le **siège éjectable** est le dernier recours lorsque l'avion ne peut plus être maîtrisé. Le siège et le pilote sont éjectés, puis un parachute se déploie. **Retrouve le ballon dirigeable !**

Le **ravitaillement en vol** permet aux chasseurs de voler plus longtemps. L'avion de ravitaillement s'approche de l'avion récepteur et lui transfère du carburant. Il existe différents systèmes pour effectuer la liaison avec l'avion à ravitailler, qui vont des perches (ou tubes) rigides aux tuyaux flexibles. **Parviendras-tu à voir un avion de tourisme avec des ailes vertes ?**

La plupart des avions de combat sont **supersoniques**, c'est-à-dire qu'ils peuvent dépasser la vitesse du son. Le fait de passer le mur du son produit un bang supersonique. **Vois-tu l'avion de tourisme qui fait des acrobaties ?**

Le **cockpit** d'un chasseur est équipé de toutes sortes de commandes afin de contrôler l'avion. **Cherche les 3 parachutistes.**

Les **ailes repliées** en forme de flèche permettent d'atteindre des vitesses beaucoup plus élevées. **Il y a 5 oiseaux avec de très grandes ailes. Les vois-tu ?**

LE F-117 Nighthawk est un **avion furtif**, conçu pour qu'aucun radar ne puisse le détecter. **Peux-tu trouver 2 biplans ?**

LES HÉLICOPTÈRES

Ces appareils sont caractérisés par leurs hélices et leur capacité à effectuer des vols stationnaires (rester immobile dans les airs). Ils sont très légers, maniables et idéals pour décoller et atterrir dans des espaces difficiles d'accès.

La caractéristique principale de l'hélicoptère est le **rotor**. Ce mécanisme consiste en un mât vertical qui comporte deux pâles ou plus. Quand ces pâles tournent, elles élèvent l'appareil de façon verticale et servent également à le diriger. **Vois-tu 6 rennes ?**

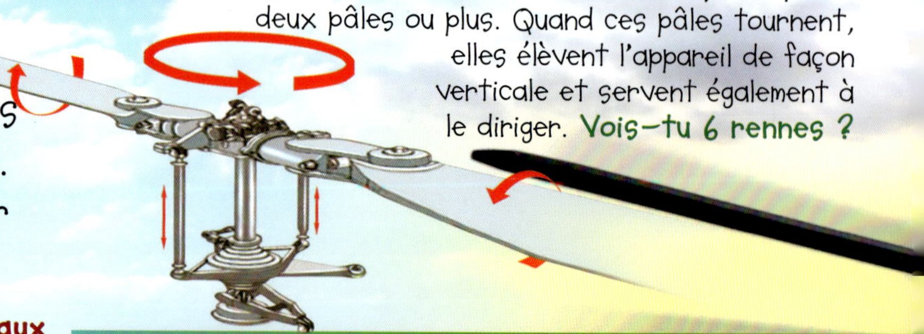

Il y a 4 animaux qui ne devraient pas être ici. Les vois-tu ?

Les hélicoptères sont très utiles lors des **opérations de sauvetage**. À la différence des autres avions, ils n'ont pas besoin de piste d'atterrissage et peuvent atteindre des endroits peu accessibles. **Peux-tu voir 4 écureuils qui sont venus là par curiosité ?**

Au XVe siècle, **Léonard de Vinci** a dessiné le plan d'une machine volante qui serait l'ancêtre de l'hélicoptère moderne. **À toi de voir 5 lièvres des neiges.**

En 1923, l'Espagnol Juan de la Cierva a inventé l'**autogire**, un aéroplane auquel il avait ajouté un rotor. Ce système de pâles rotatives a été conçu pour maintenir en équilibre la propulsion d'aéronef. **Vois-tu l'animal qui a été sauvé ?**

Mis à part les hélicoptères, le seul avion qui peut décoller et atterrir verticalement est le **Harrier Jump Jet**. Cependant, sa forte consommation de carburant est un inconvénient majeur. **Trouve les 8 sauveteurs sur toute la page.**

Un hélicoptère peut également **se ravitailler** en plein vol si nécessaire. **Peux-tu trouver 4 trousses à pharmacie ?**

LES AVIONS DE LIGNE

Le développement de l'aviation commerciale a provoqué l'apparition de nombreuses compagnies aériennes. Cette concurrence a fait que les avions sont devenus plus grands et plus modernes. Par conséquent, voyager est plus agréable et plus accessible.

Une valise a été perdue. Cherche-la !

En 1952 est apparu le premier avion de transport de passagers avec un moteur à réaction, le **De Havilland Comet**. **Trouve 7 enfants.**

Au XXe siècle, dans les années 30 et 40, l'avion **Douglas DC-3** a révolutionné le transport de passagers grâce à sa conception moderne et à sa grande puissance. Il pouvait contenir environ 30 personnes et atteindre une vitesse de 320 km/h. **Un voyageur porte une valise rouge. Le vois-tu ?**

En quelques années, les vols **transatlantiques** entre Paris et New York ont atteint la vitesse du son et sont parvenus à transporter plus de 100 passagers. **Un chien est entré dans l'avion. Retrouve-le !**

L'entreprise nord-américaine **Boeing**, fondée en 1916, est l'un des plus grands fabricants d'avions du monde. Elle a développé la technologie des moteurs à réaction et l'a utilisée avec succès dans ses avions commerciaux.

Deux militaires sont montés à bord. Les vois-tu ?

En 1970, le premier avion comportant trois rangées de sièges est apparu : le **Boeing 747** peut transporter jusqu'à 500 passagers.

Retrouve un passager avec un sac vert.

L'Airbus A380 est l'avion de transport de passagers **le plus grand du monde** : il peut transporter jusqu'à 853 personnes, mesure 73 m de long et 24 m de haut. Dans ses ailes, on trouve de gros réservoirs de carburant d'une capacité de 300 000 litres. Il dispose d'une autonomie de vol de près de 10 500 km.

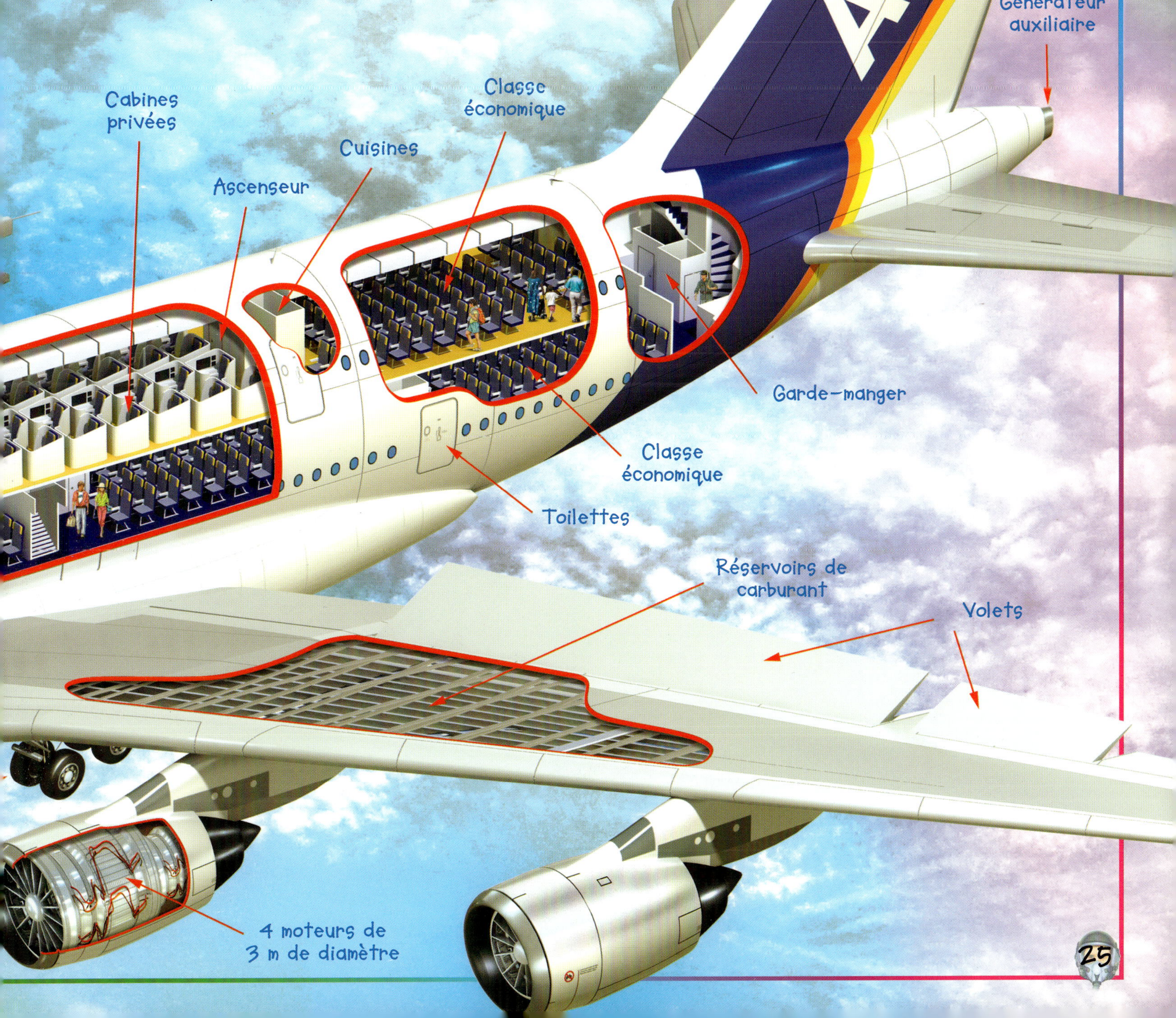

LES AÉROPORTS

Un des plus grands aéroports du monde est situé à Pékin, en Chine. Il a été agrandi lors des Jeux olympiques de 2008. 76 millions de passagers y transitent chaque année.

Les **animaux** peuvent voyager en cabine ou dans la soute à bagages, mais toujours dans des cages de transport appropriées. **À toi de trouver 6 conteneurs.**

La **tour de contrôle** est un bâtiment essentiel. C'est de là que tout se décide : le décollage et l'atterrissage des avions mais aussi le passage des lignes vers d'autres aéroports. **Trouve 3 camions !**

Où est la tour de contrôle ?

Les aéroports ont mis en place des mesures de haute sécurité, comme des **scanners** pour détecter les objets interdits dans les bagages. **Vois-tu 3 grues dans l'aéroport ?**

La **livraison des bagages** est très bien organisée. Les valises et les sacs sont transportés sur des tapis roulants et chaque voyageur doit identifier ses bagages et les récupérer. **Vois-tu 4 hélicoptères ?**

Souvent, dans les grands aéroports, on trouve des **chiens policiers**, qui sont dressés pour détecter les drogues ou les explosifs. **Parviendras-tu à trouver 3 voitures jaunes ?**

Suite à sa restructuration, l'Aéroport international de Pékin est devenu aussi grand qu'une **petite ville**. Il fait plus de 3 km de long, comporte de nombreuses boutiques et restaurants. Il abrite 24 compagnies aériennes.

LES ULTRA-LEGERS

Ce sont des avions très légers, qui ont une vitesse limitée et volent à basse altitude. Ils ne comportent qu'un ou deux sièges et leur consommation en carburant n'est pas très importante, ce qui les rend abordables pour un grand nombre de passionnés d'aviation.

Comment tourne un avion dans l'air ?

7 animaux regardent les avions. Retrouve-les !

Le **parapente** consiste à effectuer des **vols planés** grâce à une sorte de parachute adapté pour ce sport. **Il y a 9 parapentistes au total. Les vois-tu ?**

Les **ultra-légers motorisés** ou **U.L.M.** sont faits de quelques tubes, trois roues, un petit moteur et une paire d'ailes. **En vois-tu 2 de plus ?**

Un **planeur** n'a pas de moteur. Il décolle en étant tiré par un remorqueur et se maintient en vol grâce aux courants aériens. Sa conception a été pensée pour opposer le moins de résistance possible à l'air : il est léger et il a de grandes ailes. **À toi de trouver 5 planeurs de plus !**

Certains parapentes ont un **siège** et un **petit moteur**, afin de pouvoir être autonomes et de ne pas dépendre des vents. **Vois-tu les 4 autres parapentes ?**

HB-W-25

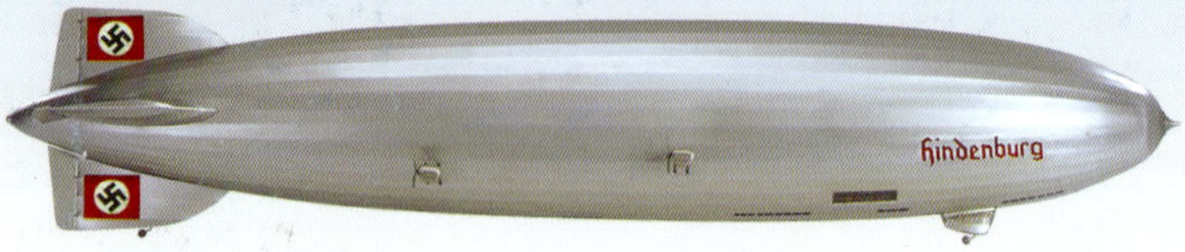
Hindenburg

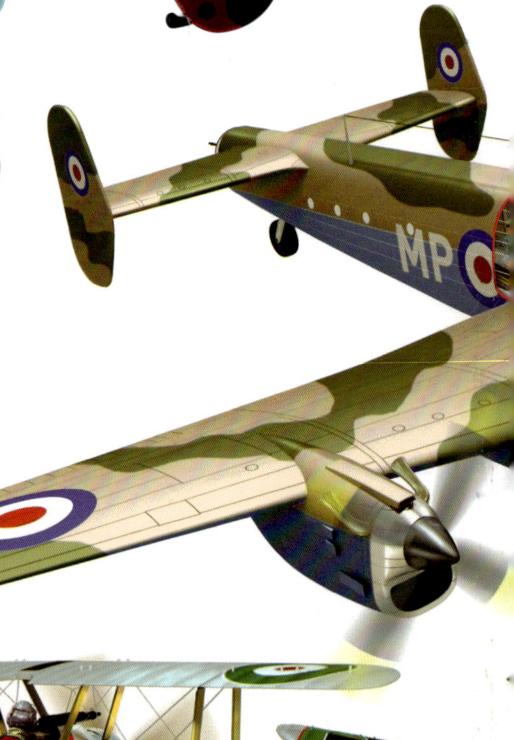
MP

GUARD SEAPLANE
90-WRT
GUARD SEAPLANE 90-WRT